P. LIONNE,

EX-GÉRANT DU JOURNAL LA TRIBUNE,

A SES COMPATRIOTES.

PRIX : 25 CENT.

A PARIS,

CHEZ ROUANNET, LIBRAIRE,

RUE VERDELET, N. 6.

ET CHEZ TOUS LES MARCHANDS DE NOUVEAUTÉS.

1835.

IMPRIMERIE DE MADAME DE LACOMBE,
Faubourg Poissonnière, 1.

Prison de Sainte-Pélagie, à Paris, le 6 Décembre 1834.

En lisant dernièrement *l'immense* rapport de M. Girod (de l'Ain) sur *l'immense* conspiration qui menaçait de renverser la Charte-Vérité et qui pis est, la Pairie, j'ai vu avec ivresse que je n'étais pas le chef de cette horrible conspiration, bien que pendant tout le cours des interrogatoires que j'ai subis, je fusse souvent tenté de croire que j'étais un conspirateur beaucoup plus dangereux que je ne pensais. Jugez, mes chers lecteurs, si je n'avais pas de fortes raisons de croire à ma culpabilité, lorsque je songeais à la terrible lettre, saisie en avril dernier avec tous les papiers du journal *la Tribune*, par la Cour des Pairs, dans les bureaux mêmes de ce journal, par laquelle lettre, écrite et signée de ma main, il appert évidemment que je suis un conspirateur, non-seulement français, mais, qui plus est, européen. Vous conviendrez qu'avec ma disposition à la peur, j'aurais un grand intérêt à ne point parler du tout de la susdite lettre, mais c'est que, voyez-vous, j'ai une conscience qui me dit qu'il ne serait pas décent que je rentrasse derrière la coulisse au moment où mes amis figurent sur la scène dans un mélodrame. *doctrinaro-politiquo-tragiquo-comiquo-ministériel*, dont les auteurs de la noble Cour, voulaient que je jouasse un des premiers rôles.

Je dois donc consciencieusement livrer aujourd'hui à la publicité cette lettre qui, dès son origine, devait paraître dans le journal *la Tribune* et dont quantité d'articles politiques urgens, ont retardé la publication.

Paris, le 28 octobre 1834.

Mon cher Sarrut,

Je n'ai pu résister au désir d'adresser mes remercimens à mes concitoyens; ayez la complaisance de faire insérer ma lettre dans le plus prochain numéro de notre journal. Je suis obligé de me servir de l'intermédiaire de la poste pour correspondre avec vous, puisque MM. les gens du roi trouvent qu'il est logique qu'un gérant de journal ne connaisse pas les articles dont il est responsable.

Salut amical.

P. LIONNE.

Prison de Sainte-Pélagie, section politique,
à Paris le 28 octobre 1833.

Lionne, gérant du journal la Tribune, à ses Compatriotes,

Mes chers Concitoyens.

Je ne puis que faiblement vous exprimer ma reconnaissance pour les marques d'intérêt que vous voulez bien me témoigner. *Il est sans doute du devoir* d'un patriote de savoir souffrir pour la liberté, mais combien ses souffrances sont adoucies, quand les amis de la liberté lui offrent des consolations comme les vôtres. Soyez certains, Citoyens, que le courage ne me manquera pas. Je ne sais quel auteur a dit en parlant de Dieu, *patiens quia æternus ;* Nous ne sommes pas éter-

nels nous autres patriotes, mais ils le sont les principes pour lesquels nous combattons. Ah! si nos
principes étaient bien connus, que d'hommes
égarés par les doctrinaires quitteraient le rôle de
nos antagonistes pour prendre celui de nos défen-
seurs! Ils nous ont si bien peints ces sycophantes
politiques! A les entendre, nous voulons la dis-
corde et l'anarchie, nous voulons proscrire la pro-
priété, redresser les échafauds........ Les miséra-
bles!........ Ils savent très-bien que nous ne
voulons et ne pouvons rien vouloir de tout cela,
mais ils disent comme Bazile:—Calomnions, il
en reste toujours quelque chose!

C'est à vous, Citoyens, qu'appartient l'honorable mission d'éclairer nos compatriotes. Répétez-
leur sans cesse : que nous voulons la liberté politique, la liberté de conscience, droits pour tous;
priviléges pour personne. Nous voulons que la
responsabilité des ministres cesse d'être une décep-
tion comme la souveraineté du peuple dévoré par
un cens électoral plus aristocratique que celui de
nos voisins les Anglais. Nous voulons, sans gêner
en rien la liberté des industriels capitalistes sur
la fixation du prix de la main d'œuvre, nous
voulons que l'artisan industriel puisse trouver
dans son travail de quoi nourrir sa famille et faire
quelques économies pour sa vieillesse, qu'il

puisse enfin participer à quelques jouissances de la société dont, jusqu'à ce jour, il n'a supporté que les charges. Moins de travail, plus de repos, voilà ce que nous voulons pour l'artisan, charmé alors d'avoir quelques instans de loisir dont il pourra disposer pour s'occuper des intérêts de l'État qui seront aussi les siens, puisque cessant de croupir dans l'ilotisme politique, il participera, comme citoyen, à la confection des lois par le ministère des représentans de son choix.

Nous pensons aussi que la société doit du travail à tous ceux qui en manquent, mais non à la manière de M. de Belleyme, faisant de la perte de la liberté, une condition de travail. Cette philantropie toute entière dans l'esprit monarchique, qui craignant la rencontre des malheureux qu'elle fait à coups de budgets, d'abus et de privilèges, leur ménage une douce prison comme retraite de bienfaisance. Cette philantropie ne peut avoir rien de commun avec la nôtre toute populaire; car nous pensons, nous, que sous des vêtemens en lambeaux, peut se trouver un cœur sensible aux affections de famille un cœur qui éprouve le besoin d'aimer et d'être aimé, et qu'un mendiant même, peut avoir quelque répugnance à vivre loin des objets qui seuls lui offrent des consolations sur la terre. Nous voulons que ces imperfections de l'État social disparaissent, et que tous les enfans d'une même patrie la bénissent comme une tendre mère qui veille à leurs besoins et à leur bonheur.—Utopie, vont s'écrier les doctrinaires; utopie! mot inventé par l'insouciance gouvernementale, craignant d'attaquer consciencieusement des abus protégés par le temps et plus encore par les fripons qui vivent des abus. La paresse trouve si bien son compte à cette incurie, et l'égoïsme est si patient à supporter les maux dont il n'a point à souffrir! Quant à nous qui souffrons des peines de nos semblables, qui n'excluons pas *le bas peuple* des rangs de l'humanité; qui pensons que parmi les mendians des rues, il se trouve du courage, de la résignation, des vertus; ce qui se trouve rarement chez les mendians de cour, quant à nous qui nous identifions avec les misères *de ce bas peuple*, notre devoir est de chercher des remèdes aux maux qui l'assiégent. Nous espérons y parvenir en nous occupant consciencieusement d'en chercher le moyen. Il est déjà trouvé pour ce qui regarde le travail industriel. Ce moyen est simple. De grandes réformes dans l'impôt indirect; il frappe la production, augmente la marchandise au point de faire de l'impôt des douanes une nécessité qui rende moins dangereuse la concurrence industrielle d'une nation dont le gouvernement a plus de lumières que le nôtre , en économie politique.

Nous voulons la plus rigoureuse économie dans l'administration ; nous voulons enfin la réduction du budget. — Ce sont précisément ces idées de réforme qui font trembler toutes nos sangsues budgétaires, dont plusieurs sont héréditaires.

Nous voulons que les hommes du pouvoir ne puissent pas impunément faire des marchés scandaleux, à leur profit, et au détriment de l'industrie nationale. — Nous voulons qu'ils ne puissent pas profiter de leur position pour vendre les emplois, ce qui fait que la richesse sans talent, obtient ce qu'on refuse au talent sans argent ; double infamie du marchand , coupable envers l'état qui paie pour être mal servi , et envers le malheureux, pour lequel une place est un moyen d'existence.

Si nous ne voulons pas dresser des échafauds pour punir ces honteux méfaits, ne pensez-vous pas, Citoyens, qu'un peu de galère serait assez utile ? — Quelques difficultés qu'il y ait d'atteindre de pareils voleurs , puisque le secret devient la sauve-garde de leur infamie , la loi qui les con-

damnerait à la flétrissure , prouverait au moins
l'horreur qu'ils inspirent au gouvernement , et
cette horreur, partagée par les gouvernans, tour-
nerait au profit de la morale ; et la morale est la
base de la république telle que nous la voulons.
Alors la vertu vaudrait quelque chose , et la con-
sidération ne s'attacherait pas à la seule richesse ,
quelle qu'en fût l'origine.

Nous voulons enfin que l'aspect du bonheur
dont jouirait le peuple français, devînt le meil-
leur moyen de propagande républicaine pour les
peuples européens. — Eux aussi sont nos amis et
nos frères ; mais si nous désirons la réforme de
leurs lois , nous ne voulons pas leur imposer les
nôtres contre leur gré , attendu que dans nos
principes , eux seuls ont le droit d'être leurs pro-
pres législateurs. Que si, pour conserver ce droit
attaqué par le despotisme armé , ils nous appe-
laient comme alliés , notre devoir serait d'asso-
cier notre courage au leur, de leur prêter
notre appui , notre dévoûment pour assurer leur
indépendance, à laquelle nous croirions attenter,
si nous nous permettions chez eux d'autre in-
fluence, que celle des conseils d'une amitié fra-
ternelle.

Si pendant nos guerres de la révolution de
1789, ces principes semblent avoir été méconnus,

c'est qu'alors la France, luttant contre l'Europe en armes, était forcée à la conquête politique et morale, pour n'être pas conquise par la Sainte-Alliance de l'époque. Cette Sainte-Alliance avait alors pour auxiliaires les peuples eux-mêmes, qui, ne comprenant pas notre révolution, en repoussaient les principes, que leurs préjugés et leur éducation monarchiques leur avaient appris à regarder comme des crimes. Mais aujourd'hui, que nous rencontrerions des appuis là où nous trouvions des résistances, parce qu'aujourd'hui nous trouvons des sympathies là où nous trouvions des inimitiés, — nous ne pouvons désirer que la liberté et le bonheur de tous les peuples, parce que leur bonheur et leur liberté, favorisant les progrès de la civilisation, de la morale et de l'industrie, deviennent un avantage pour la grande famille européenne.

Tels sont nos vœux, tels sont nos espérances. Y a-t-il dans tout cela des idées de désordre et d'anarchie ? des intentions sanguinaires ? Mais, qu'importe ! les ennemis des patriotes n'en répéteront pas moins les mêmes sottises, tant que les mêmes sottises trouveront des sots pour les croire et des dupes pour les craindre. C'est en éclairant les uns et les autres, que nous parviendrons à détruire ces préjugés qui nous poursuivent, et qui éloignent cet avenir que la raison et la force des choses amèneront. C'est à vous, Citoyens, qu'appartient l'honorable mission de repousser la sottise par la logique, le mensonge par la vérité. Soyez sûrs que nos efforts et notre zèle vous soutiendront dans cette lutte glorieuse. Quant au courage, nous sommes patriotes comme vous, c'est assez dire.

Il me reste de nouveaux remercîmens à vous faire, pour vos offres généreuses, mais quant à celles qui me regardent personnellement, permettez-moi de les refuser, tout en vous priant de reporter sur le journal *la Tribune*, l'intérêt que vous voulez bien porter à son gérant. — Nous avons encore deux procès à soutenir ; nous espérons en avoir beaucoup d'autres, parce que nous ne changerons ni de principes ni de langage. Nous n'avons pas, comme certains personnages multicolores, une logique flexible et une rhétorique à partie double, au service des familles, que, depuis quarante ans et plus, on voit comme clouées au timon de l'État, dont les fonds secrets et les bons du Trésor proclament les vertus.

Quant au petit bail que messieurs les gens du roi ont passé pour mon logement à Sainte-Pélagie, la résignation est un petit moyen de compensation ; mais il n'en est pas de plus grand que l'intérêt dont vous voulez bien m'environner. Huit ans de prison ! * Mais les années passent vite dans un siècle de liberté, et puis....

Le roi, l'âne ou moi, nous mourrons.

L'âne ! vous entendez, M. Sylvestre? — Mais non, je désire que vous viviez assez long-temps pour venir prendre ma place ; et si je suis votre juge, ce qui n'est pas impossible, je vous condamnerai à vivre, pour être témoin du bonheur de la France sous le régime de la liberté. Vous voyez que je me connais en vengeance ! Mais je me connais aussi en plaisirs, en procédés et en hommes. C'est ce qui fait que je cesse de m'occuper de votre personne, pour venir à mes chers Compatriotes, que je prie de recevoir l'assurance de mes sincères et cordiales salutations fraternelles.

P. Lionne.

* Depuis cette époque, j'en ai acquis le double.